아직도 그곳에

이경강 시집

계간문예

아직도 그곳에

| 시인의 말 |

갈 길을 알지 못하고 길을 헤매던 시간
소망을 갖고 포기하지 않았던 일도
육신의 아픔으로 잠 못 이루는 밤들을
떨리는 가슴을 안고 참을 수 있었던 것도
외로움과 슬픔으로 인하여
눈물로도 씻기지 않는 마음의 상처를
치유할 수 있는 용기를 가진 것도
용서하고 싶지 않은 세월을 향해
사랑의 마음으로 보듬게 한 것도

내려놓고 내려놓아
감사와 낮아지는 법을 알아가게 한 것도
돌아보면 내 힘과 노력이 아닌
나를 사랑하신 나와 함께 해주신
주님
그 분의 은혜였습니다

2022년 이 경 강

■ 차례

시인의 말 • 4

제1부 익어 가는 것

익어 가는 것 • 13
손 • 14
꽃샘추위 • 15
가시 • 16
동지죽 • 17
고장난 시대 • 18
그리움 • 19
참나리꽃 • 20
통증 • 21
가끔 생각나는 것들 • 22
무궁화 • 24
사라져 버린 • 26
안면도 아줌마 • 28
사월의 안부 • 30
세월은 고장이 안 나서 • 31
선물 • 32
쳇바퀴 • 33
어머니의 봄맞이 • 34

제 2부 오 센티의 벽

대나무 • 37
오 센티의 벽 • 38
비결 • 40
시간 너머로 • 42
9월 • 43
수술실 가는 길 • 44
처음 만남 • 45
공사장의 한 장면 • 46
안부 • 47
눈 • 48
병석 엄마 • 49
친구 1 • 50
친구 2 • 51
12월 1 • 52
12월 2 • 53
봄은 • 54
길목 • 55
살아가는 모습들 • 56

제3부 내려 놓음

내려 놓음 • 59
혼자 걸어보고 싶은 날 • 60
지팡이 • 61
어느 늦가을 아침나절에 • 62
주방의 은유 • 63
풍경화 • 64
묵은지 • 65
안개 • 66
초미세먼지 • 67
쏟아내는 빗줄기는 • 68
시인이라고 • 69
겨울 덕유산 • 70
무의도의 아침 • 71
소록도의 풍경 • 72
가을맞이 • 73
김장 • 74
배우는 중 • 75
양천리골 • 76

제4부 남대문 시장

남대문 시장 • 81
봄나물 • 82
잠든 모습 • 83
재개발 • 84
눈 속의 자화상 • 86
낯선 얼굴 • 87
정월 대보름 • 88
새 아가 • 89
가랑잎은 • 90
코로나19 • 91
누구의 것인가 • 92
시간은 • 93
편지 • 94
그리운 곳 • 95
세탁기 • 96
어머니 • 98
위로받는 • 100
행복 • 102

제5부 아직도 그곳에

무더위 • 105
아직도 그곳에 • 106
가을에 • 108
배롱나무 • 109
기억의 저편 • 110
2020 • 112
빈자리 • 114
아카시아 • 116
손녀딸 • 117
기다리며 • 118
장미 • 119
어느 봄날의 산책길 • 120
떠날 때는 • 121
산다는 것은 • 122
녹번동 이야기 • 123
짝사랑 • 124
허물 • 125

해설
삶에서 우러나는 눈물겨운 희망의 노래 • 128
— 허형만 시인·목포대 명예교수

제1부

익어 가는 것

익어 가는 것

햇볕이 익는다

저 햇살
세상사 가려서 비치지는 않았을 터

나는
이 계절
무엇을 위해 얼마나 익었는가

돌아보고 돌아보면
고개를 돌릴 수밖에

손

손을 잡는다는 것은 마음을 잡는 것
손이 손을 잡으면
눈빛 말이

가만히 내 손을 잡아본다
혼자 움켜쥘 수 없어
수없이 닦아준 눈물 손등 위에 고여
볼록하게 도드라진
알알이 박혀 있는 이야기
간절히 내민 손
못본 척 스쳐 지나간 자국도

수고했어
속삭임 속에 흐르는 짠한 울림
또 다시 잡아야 할 것들

나는 지금 무엇을 잡고 싶은가

꽃샘추위

너무 나무라지 말아요
어젯밤 매섭게 그대 정원을 흔들어 놓은 것은
당신을 위한 거랍니다
물오른 그대를 시샘한다고 하지만
내가 조금 심술을 부린 것은
떠나기 아쉬워서가 아니랍니다

겨우내 찢기고 할퀸 상처들이
땅속 깊이 사라지지 못하고
찌꺼기들이 그대 삶 속에 숨어들었다기에
버려야 할 것 소멸시키고
깨끗한 영혼 맞이하는데
뛰어오르는 디딤돌이 필요하다는 손짓에
한번 더 그대를 찾은 거지요

조금만 더 참아 줘요
잠깐 이 순간 지나면
그대 가슴에 따뜻하게 파고드는 햇살과
피어오르는 부신 봄이 기다리고 있을 거예요

가시

어느 날 문득 깨달았죠
장미꽃 속에 가시가 있어도
아름답지 않다 하는 이 없고
찔레꽃 속에 가시가 있어도
순수하지 않다고 하는 이 없다는 것을

나에게도
찌르는 가시가 있어
감추고 떨며 움츠렸고
웃음으로 외로움을 삼키었죠

이제 되돌아 보니
찔릴 때 너무 아파
흘렸던 눈물이
아름답게 빛을 발하는
꽃이 필 줄 그때는 몰랐죠

동지죽
― 촛불시위를 바라보며

길고 긴 밤
들려오는 요란한 세상 소리
엄동설한 바람은 어디로 부는지
타오르는 촛불이 안쓰러워
불안한 마음 묻어두고
팥 한 사발에 눈길을

온몸이 부서져 소멸되는
거친 손에서 나오는 부드러운
활화산처럼 솟아오르는 붉은 호수에
하얀 얼굴이 떠오르고

동지죽이네
어린아이처럼 좋아하는 얼굴 앞에
덤덤하게 한 그릇 떠주고
동지를 기다리던 친정어머니에게
건강을 선물 삼아
죽 냄비 들고 급하게 발걸음을 재촉했다

고장난 시대

날마다 들리는 죽음의 소리
내일은 어떤 소리가
가족이라는 이름으로 묶임 당하여
고통 받는 생명 언제까지
귀를 막고 눈을 감아도 들리는 소리

꽃이 되라 별이 되라
외치는 소리
흔적 없는 사랑의 마음
끊어 내지 못한 분노의 흐름이
이 땅의 아이들을 슬프게 하네

디지털 패스트푸드가
마음의 조절장치를 망가뜨렸나
숨이 가쁘고 혼란스러워
어지러운데 치유의 길은

기도를 끌어안은 가슴은 떨리고
한줄기 눈물
하늘을 향해 흘려보낸다

그리움

깊이 자리 잡은 마음 하나
시리디 시린 바람과 뒹굴며 아파했고

온 세상이 새 생명으로 춤을 추던 시간도
푸른 싹을 감추어야

용광로 같던 뜨거운 햇살의 강렬함도
견디었지만

어딘가 그 이름 모를 정상에서
타는 불꽃 속으로

이제 그토록 지워지지 않던 그리움 하나를
띄워 보냈다

참나리꽃

길을 걷다 보면
어느새 환하게 미소 짓도록
마음을 흐뭇하게 해 줄 일들이
가끔은 있다

해 어스름한 저녁 무렵
울적한 기분 퍽퍽하게
무심코 지나던 그곳
눈길을 사로잡은

아, 나리꽃이구나

근린공원 한켠 언제 피었는지
한 무리의 주황색
온 세상을 다 품은 듯
참을 수 없이 황홀하다

통증

버리지 못하고
용서하지 못한
뼈아픈 흔적이
혈관을 타고 오르는
몸이 우는 소리다
세상이 위로할 수 없는
등에 붙어 벗겨지지 않는 짐
눈물로도 씻겨지지 않는 절망은

난치병

해서는 안될 유혹이 뿌리를 내리다가도
어차피 누구나 살아가는 것이 통증인 것을
감사하라는 목소리

아픔은 가진 자만이 알 수 있는
나를 사랑하는 이도 나를 위해
마음의 고통과 스러져가는 통증으로
눈물을 많이 흘렸다는 것을 나중에 알았네

일그러진 자화상 속에
한걸음 한걸음 기적을 심는다

가끔 생각나는 것들

드디어 저 집마저 헐리는구나

이면도로 골목 모퉁이 돌면
담장 너머로 새하얀 목련꽃이 목화솜처럼 피어
봄소식을 가장 먼저 알려주던 집이 사라졌다

돌아보면 많은 것이 눈에 보이지 않게 됐다
오랜 세월 딸랑이 소리와 함께
따끈한 두부를 전해주시던 아저씨
병상에 누워 계시단 소식만
수십년을 싱싱한 야채와 과일을 가져오시던 아저씨도
자식들 성화에 못 이겨 그만두셨다
아들을 따라 가실 수밖에 없는 가겟집 할머니
육십년 살아온 집을 떠날 때 하염없이 눈물만
다정한 사람들 한 사람 한 사람 떠나고
장미 울타리 주택들 빌라촌이 되어
한낮의 고요함은 사라지고
모르는 얼굴들 무심히 스치는 곳 되어버린

나는 언제까지 여기 있을지
가끔 떠난 이들이 생각나는 것은
나이를 먹어 간다는 자연스러운 변화일까

무궁화

길가에 호젓이 피어 있는
미묘하게 아름다운 모습
왠지 쓸쓸해 보여
눈길을 뗄 수가 없는
그 옛날 *근화향의 나라라고 불리며
흰 베옷 입은 자들의 사랑을 받던 너
어두운 그늘에 가려 오랜 세월 찢겨진 꽃잎으로
외면당했을 때도 꿋꿋이 견디어 온 것은
사랑하는 이 앞에 다시 피고자 함이었다

이제 너는 바라보면 어디에나 있지
그 이름 또한 수 없이 부르지만
무감각하게 들리기도
마음이 가리워지고
사랑이 시들어진 빈 공간에
화려한 꽃 축제의 첫 번째는 다른 나라꽃이 차지하고
때로는 높은 곳에서
황금색으로 요란하게 피어
기상이 흐려질 때도

하지만 갈라진 수많은 소리 속에서도
불 꺼진 고독한 창가에도
아무도 보지 않는 저 너머에도
너는 언제나처럼
아름답고 순결하게
영원토록 이 땅에 피어 있을 것이다

* 근화향의 나라: 옛날 신라는 스스로를 무궁화의 나라라는
 의미의 근화향의 나라라고 부르며 무궁화를 사랑했다고 함

사라져 버린

하늘이 사라졌다

어느 날 하늘을 바라보다
화들짝 놀랄 수밖에
늘상 같은 자리에서 바라보이던
앞 동네 너머 산이 보이지 않는다

떠들썩한 소리들이 정신 없이 들리더니
옆에도 앞에도 눈앞을 가로막는
하늘을 막아버린 거대한 성

오밀조밀 낮은 자들의 사연은 어디로
애처로운 불빛들 사이로
높이 떠 있던 희망선
겹겹이 콘크리트 사이로 사라져
좁아진 하늘만 집어 삼킬 듯

더 이상 볼 수 없는
노을빛 꿈꾸는 날갯짓

비밀한 언어들
네모난 괴물 속에 갇혀
그리움으로 기억 속에 잠든다

안면도 아줌마

내 친구 안면도 아줌마
그 손길에는 언제나 풍성함이 가득
까나리 액젓 만큼 맛깔스런 음식 솜씨
아들 딸 친구 엄마 노릇까지
외로운 이웃을 살뜰히 챙기는
힘든 이들을 바라보는 눈길은
몸매 만큼이나 마음도 넉넉한

살림 거덜 나겠네
우스겟 소리에
얼~라
뭐 이런걸 가지고
온 집안에 웃음꽃이 활짝

때로 삶이 힘겨울 때도
다 그런거여 담담히 받아들이는
누군가의 기쁨이 되어 주는 것
아무나 할 수 없는 일
그녀에겐 일상

축복 많이 받으슈
얼~라
안면도 바다 내음이
온 도시로 퍼져 나간다

사월의 안부
— 세월호 4주기 즈음에

이제 조심스레 물어도 될까
사월의 푸른이들
원치 않은 여행 갑자기 보내놓고
떠난 길은 잘 도착했는지
아니면 아직도 가고 있는지
차마 물어 볼 수 없어

미안해서
용서해 달라는 말도
잊지 않겠다는 다짐도

다시는 되풀이 하지 않겠다
수없이 약속했지만
삭지 않는 슬픔은 제자리에

검어진 심장 사이로
짜디 짠 것들이 스며들어
속으로 속으로 끓은 애통함
가슴 아픈 사랑 하늘에 품어
그 바닷속으로 보낸다

세월은 고장이 안 나서

고향에 계시는 사촌오빠
건강하시냐는 안부에
무심코 들려온 말
어이 건강하네
자네도 잘 있는가

갑자기 어색해진 마음은
내 옷이 아닌데 걸치고 있는 기분
존대는 무슨 존대에요

이 사람아 자네도 육십이네
저는 항상 젊은 시절에 시간이 멈춰 있어요
그럴 리가 세월은 절대 고장이 안 나네

웃으시는 목소리가 무척 다정하다

선물

어느 때부터인가
신발 굽이 낮아지고
늘 오가던 길은 시간이 늘어나
머릿속에는 옛 생각이 많아지고
하나씩 그어져 가는 주름살 위에
고집이라는 못난 생각 서글픔이 덩달아
다가오는 날들을 향한 새로움보다
불안과 염려가 가슴을 덜컹거리게 하는 때

그래도
내 안에 끊임없이 솟아나는 것 하나 있으니
맑은 샘물 같은 어린 마음
그 순수한 감성이 불쑥불쑥 나를 찾아와
지난 세월을 감싸주고
얼룩진 삶의 찌꺼기들을 깨끗하게 씻어
위로하고 기쁨을 주니
끝까지 함께 가야 하는 소중한 선물

쳇바퀴

하루의 무게가 소파 아래로 가라앉는다
마음 하고 점점 멀어져 가는 몸
깊숙이 쌓여있는 피곤이 자유를 원하는 시간이다
종종거리며 반복되는 나날들
TV 리모컨을 잡고 탈출구를 찾아 끊임없이 눌러댄다
소리 소리 세상 소리
신경을 찌르는 소리들
풀어야 할 매듭들이 더 단단히 묶여 오는 것 같은
마음속에 터지는 파열음을
고요하게 마무리하고픈 갈망은
가상공간에서조차 사라져 버린
멍하니 빨려 들어갈 것 같은 영혼
눈을 감고 서투른 솜씨로
허공 속에 그림을 그리며
깊은 심연 속으로 오늘을 가둔다

어머니의 봄맞이

지난겨울은 유난히 추웠지요
무겁게 얼어붙은 겨우살이
날카롭게 할퀴는 바람에 갇혀
몸은 자유를 내려놓고

많이 기다렸나 봐요
따뜻한 봄볕

홀로 나온 걸음걸이의 여유로움
골목 모퉁이 아늑한 곳에
그리운 햇빛을 온몸으로 끌어안고
지그시 감은 눈은
무슨 꿈을 꾸는지
하늘을 바라보며
순한 웃음을 짓는
어머니의 하얀 모습
고양이 한 마리가 지켜보고 있었죠

제2부

오 센티의 벽

대나무

늠름한 자태
부러지지 않는 기개
한몫할 것 같은

칼바람 속에
속삭이던
대나무골에서 품은
간절한 소망
머릿결처럼 고운 몸을
쪼개고 쪼개어
찾아간 곳

외로운 이의
가장 낮은 자리
가려운 곳 어루만지는
효자손이 되다

오 센티의 벽
— 판문점

그 길은 아무나 갈 수 있는 길이 아니었다

많은 사람이 그 길을 건너고자 애썼지만
보이지 않는 벽이 있어
가까이 가고자 하는 이마다 날카롭게 날이 선
그곳을 건너는 것은 목숨이었다
평화로 위장된 아름다운 곳처럼
잊혀진 숲이 되어갈까
숨소리조차 멈추던 아득한 시간

이제 발자국 두 개가 손을 마주 잡고
오 센티의 선을 넘었다
순간
마음과 마음이 녹고
산천이 흔들리는 소리
보이지 않는 유리벽에
미세하게 느껴지는 빛 한줄기

시작은
한 발짝 한 발짝이면 족했다
팽팽한 줄다리기 어서 끝내고
화해와 하나라는 이름의 깃발을
푸른 하늘에 맘껏 날리고 싶다

비결

유행 따라 멋을 맘껏 낸
할머니 서너 명이 탄
지하철 엘리베이터 안의 대화

요즘 어떻게 지내셨쑤
윗동네 못 움직이는 노인네 반찬 배달 가고
일주일에 두 번은 복지관 가지
노래도 배우고 스포츠 댄스도 배워

잘했네 집에만 있지 말고 밖으로 나가야지
가서 사람 얼굴도 보고 내 얼굴도 보여주고
내 이야기도 들려주고 이야기도 들어주고
그게 사람 사는 일이여 그래야 건강하지

엘리베이터를 나서며
힘차게 손을 흔드는 뒷모습

한 해 마지막 날
얼음 같은 지하철 역사가
따뜻하게 물들어오고

실타래처럼 엉켜 움츠린 가슴
미소가 차오른다

시간 너머로

봄이 식탁에 올라앉아 있다
두릅하고 머위 취나물
순천에 사는 동생이 보내온 것이다
얼음장 밑에서 숨죽이고 있다가
계절을 잊지 않고 햇살을 향해
슬그머니 나타난 여리디 여린 향기
겨우내 몸 안에서 굳어진 혈관들 움틀거린다

긴 추억을 불러일으키는 첫 봄나물은
그 시절 아버지의 입맛을 돋우는 보약
이씨네 딸들은 차가운 봄바람 속에
산으로 들로 다니며 계절을 품었고
물소리 새소리 바람소리 속에
푸른 꿈을 먼 세상으로 실어 보내곤 했다
깡마른 소녀들은 이제
쌉싸름한 감칠맛 입안에 안길 때마다
지나간 시간들을 향해
그리움을 실어 보내고 있다

9월

바람이 가벼워졌다
기나긴 장마와 거센 태풍을
꿋꿋하게 이겨낸 나뭇잎들도
표정이 가볍다
무거웠던 시간들을 버리고
먼 길 떠나는 구름은 더욱 홀가분하다

저물어 가는 노을빛 포근함 속에
그 옛날 고향집 지붕 위 둥근박 아른거리고
뒷밭에 알밤 떨어지는 소리 귓가에 들리면
나도 모르게 입 밖으로 솟구치는 말

아 가을이구나

수술실 가는 길

혼자 남겨진
두려움은 입을 굳게 하고
무거운 마음 침대 위에 올려놓는다
깊은 생각 잠길 사이도 없이
움직이는 손길

거부할 수 없는
걷잡을 수 없는 흔들림을
도려내야 하는
강하고 치열하게
삶의 언저리를 위태롭게 붙잡고

눈을 감으니
불빛 사이로 전해오는
사랑하는 이들의 간절한 마음

갈림길
그곳에서 만나 절대자에게
버리지 못하고 고치지 못한 것들
몽땅 쓸어담아
수술대에 같이 오르길 소원해본다

처음 만남

너로 하여금 본 적도 없이
할머니라는 이름표를 부여받았지
기쁘다는 마음 낯설기도 한

너와의 처음 만남은
초음파라는 영상 속에서
손가락 크기의 기적
심장의 울림은
우주의 시작을 알리는 진동처럼 힘차

안녕 할머니야
두 손을 흔들어 미소를 건네
표현할 수 없는 감동

아가야
엄마 품에 안길 때까지
세상에서 가장 신비로운
아늑한 안식처에서
생명의 발돋움을 힘차게 하려무나

공사장의 한 장면

이른 아침 중년 세 사람
공사장으로 들어선다
비슷한 모습이나 걸음걸이는 제각각
작은 키에 어울리게 뒤뚱거리며 걷는 사내가
핏발이 선 눈으로
밤새 보초를 선
보호막으로 쳐놓은 출입금지 테이프를
가차 없이 걷어내

잠깐의 고요함이 감돌고
한 사내는 등을 돌리고 옷을 갈아입고
한 사내는 건축 더미 위에 주저앉아
길게 내뿜는 담배연기가 사그라드는 것을
팔자 걸음 사내는 하루의 통과의례마냥
벽면 아무데나 지난밤의 무거운 시름을 쏟아내는

잠시 후 증기 기관차처럼 육중한 기계가
좁은 골목에 굉음을 내며 개선장군처럼 들어서자
사람들이 웅성거리고 공사판이 시작되었다

안부

우리가 서로 안부를 물어볼 수 있다는 것은
참 행복한 일이다

어느 날 불현듯 누군가의 소식이 궁금할 때
전화를 한다거나 문자를 보내기가
생각보다 쉽지가 않다

오랜만에 나에게 소식을 물어오는 사람이 있을 때
나는 아직도 어떤 이의 기억 속에 살아 있다는
자긍심과 존재감을 느낀다

한마디의 진심 어린 말은 팍팍한 마음속에
뿌리는 기름 한 방울과 같다

가끔씩 생각 나는 이의 안부를 물어보는 여유를 가진 사람이면
나름대로 괜찮은 삶을 살고 있는 사람이 아닐까

눈

소리 없이 오는 눈은
님이 보내 주신 선물
들에도 산에도 도시에도
내리고 또 내려
온 세상을 순백으로
얼룩진 마음의 고통
바람에 찢겨진 상처를
하얗게 하얗게 감싸
메말랐던 것들이 힘을 얻도록
봄이 움틀 때까지
깊은 쉼에 잠기게 한다

병석 엄마

마음속에
비가 하염없이 흘러내리던 날

그녀를 만난 것은 잔잔한 충격과 진한 울림이었다

삶의 무게를 이기지 못해
고개를 들지 못하고 땅만 바라보고 걷는 모습

나이 숫자만큼
패어진 주름 속 숨겨진 사연 사연
끝없이 마을을 돌면서 세상을 줍는 그녀는
이 시대 마지막 보부상 생선장수다

누구에게도 짐이 되지 않으려는 다짐
가난을 대물림할 수 없기에
묵묵히 자신의 일을 한다는

걷고 또 걸어
울퉁불퉁 세월의 흔적을 남긴 발을 보며
선하게 웃는 병석 엄마
그녀를 나는 세상에 이런 일이라는
TV 속에서 만났다

친구 1

오랜 세월
웃고 울고
내 삶 속에 너가 있다는 게 축복이야
그렇게 말해주는 너가 있어
삶이 빛나지
우리 서로

친구 2

아야 밥 해줄 테니 먹고 가라 이잉
정겨운 고향 사투리
반가움이 온몸으로 풍겨온다

고향은 언제나 그리움의 대상
피붙이 없더라도 가끔은 가고 싶은 곳
나는 요즈음 그곳에 가면 꼭 만나고 오는 사람이 생겼다
정년퇴직하고 귀농한 소꿉쟁이 친구

추억 어린 곳들을 한 바퀴 돌아보고
옛날이야기를 나눈다
돌아오는 길에 빈손으로 보내지 아니하고
손수 짠 들기름이며 고구마
정이 듬뿍 담긴 선물

그리운 시절을 만나고 살 수 있다는 것
그 한 사람으로 고향 가는 길이 행복감에 젖는다

12월 1

회색빛 하늘에 겨울이 흩날리고
마지막 잎새들이 아스팔트 위로
앞다투어 흘러

한 해를 보내기 위해 얼마나 많은 것을
매듭지어야 하는지

거리에서 휘청거리는 사람
보일 것 같은 보이지 않는
스치는 시선들

보낼 수 없어 울부짖는 꿈들이
길 모퉁이에서 움츠리면

버려지고 찢겨진 상처
토해낸 것들을 쓸어담는 이들의
손길이 바쁘다

저 멀리 자선냄비의 종소리가
귓가에 맴돈다

12월 2

중간은 어디 갔을까

넘길 것 없는 달력을 앞에 두고
지나간 날들을 그려보면
하나 둘 기대감으로 층계를 쌓았던
첫 달의 설레임만 또렷하다

분명 거쳐서 온 발자국들인데
채워지지 않은 빈 공간 속
손을 내밀어 붙잡고 싶은
먹먹함과 아쉬움이 애처로워
세모 네모 동그라미로
열 달의 다짐은 뒤죽박죽

버리는 것을 배우며
마무리를 맺어야 하는
건너 뛰어가는 세월을 주저앉히고
우울한 잿빛 속에 갇혀버린
희망을 버릴 수 없어
앞뒤 없는 마음의 조급함만 부산하다

봄은

꽃이 피면 나이테 하나 늘어
마음이 서글퍼진다는 노인의 봄도 있고
세상이 풋풋하게 물들어도
무심하게 지나치는 아이들도 있다

불붙는 꽃물결은
중년의 가슴 자락에 소녀의 노래를 부르게 하고
다정한 눈길로 봄 향기에 취하는 연인들도

누구도 피워주지 않았지만
봄은 온 땅을 흔들어
스스로 피워내고 스스로 반겨준다

길목

하늘이 참 이쁘다
살포시 안기는 구름이 사랑스러워
포근하게 감싸는 산은 더욱 아름답다
실바람이 불어와
뜨거운 햇살에게
슬그머니 귓속말을 하니
황금빛 물감들이
바빠지기 시작하네

살아가는 모습들

길 양옆으로
빼곡히 붙어 있는 건물들
가게 뒤편으로 살림집
낡은 의자에 모여 앉은 노인들의
세상 사는 이야기는 끝이 없고
해질녘을 알리는 두부장수의 딸랑이 소리
오고 가는 동네 사람들의 눈인사
사람 사는 풍경

서울 어딘가는
사람이 아닌
돈이 사는 동네가 있다는데

먼 이야기인 줄 알았던
요즈음 길 건너에도
깨끗하고 우아하게
감히 오를 수 없는 성벽처럼
날마다 하늘을 향해 올라가는
돈이 사는 동네가 들어서고
불행인지 다행인지
나는 아직 사람이 사는 동네에 살고 있다

제3부
내려 놓음

내려 놓음

버리지 못하는 것 하나 가슴에 안고
가느다란 희망을 찾아오는
바쁜 움직임 속에 숨겨진
정적이 흐르는 긴장감
낯익은 곳인데 낯설게 느껴짐은
하얀 가운 때문일까
서글픔이 다시 밀려올 때

수술의 흔적을 머리에 쓰고
휠체어에 탄 어린아이와 눈이 마주치다
세상과 부딪쳐 보지 않았을 얼굴
바라보기가 안쓰러운데
천진하게 웃는

아이의 몇 갑절은 더 살았을 년 수
알 듯 모를 듯 집착하던 것들이
스르르 빠져나간 것 같은
어느새 누군가를 향한 기도가 마음속에

혼자 걸어보고 싶은 날

가을 길을
그냥 혼자서 걸어보고 싶을 때가 있다
시리도록 푸른 하늘이면 더욱 좋겠지

공중에서 흩날리는 낙엽을 맞으며
사각거리며 속삭이는
바람이 타는 소리를 들으며
온몸을 불사르며 풍기는
정겨운 내음 맡으며

저물어가는 노을빛 속
몇 잎 남지 않은 나무들에게
위로의 말을 건네고 싶다
수고했다고 고맙다고
다시 또 만나자고

지팡이

구순을 바라보는 나이에도
생의 마지막 순간까지
두 발로 걸을 줄 알았는데
이제 모습은 다리가 셋
하나는 두 손에 꽉 잡힌 채

삶의 무게에 찢겨진
익숙하지 않은 움직임 속
그 옛날 툇마루에서 반기시던
외할머니 아른거려

먹먹한 가슴
눈물마저 멈추어 서는데
한 발자국 한 발자국
세 발로 웃으며 걸어오신
어머니

어느 늦가을 아침나절에

도시의 가로수길
노오란 은행잎 밟을 때마다
가을이 지는 소리

서리를 기다리는
담장 너머 감나무
근린공원 벤치에 앉은 백발 위로
시린 하늘이 흩날릴 때
왈칵 눈물이 마음을 적시는데

낡은 대문 앞에서
말없이 김장배추를 절이는
노부부의 따스한 눈빛 속에
희망의 발걸음을 재촉했다

주방의 은유

딱하고 가엾은 아침
늘 수런거린 주방은
한 사발 언어를 풀어 무침 조림에 버무리는 일상

썰고 잘라 다진
싱그러운 맛 목젖 즐긴 화합은

살고 살아야 할
앞 뒤 우두둑 무너지는
그려 올린 상형문자 내분을 일으킨
기막힌 배냇짓은

채울 만큼 푸짐한
이야기 담아
아낌없이 애교 부린 물소리
종종걸음으로 세상을 안아 감고 달군다

풍경화

할아버지 할머니
다정하게 손잡고
산책 나온 공원
까치놀 아름다운
나뭇가지 사이사이마다
다다귀 다다귀 둘러앉아
춤을 추는 참새떼들
신나게 부르는 노랫소리
볼만장만하였어요

묵은지

며칠째 장맛비가 내리는 우중충한 날
회색빛 마음 추스르고자
냉장고 안에
더 이상 손이 가지 않는
신안 앞바다 짠내 나는 묵은지 몇 조각
톡 쏘며 한때는 입맛을 돋우었던 여수 돌산갓
뜨거운 햇살 견디지 못해 시어 꼬부라진 열무김치랑
말갛게 헹구어 한 군데 넣고
된장 풀고 멸치 한 움큼 집어 넣어
노골노골할 때까지 푹 끓여주자
군내 사라지고
입에 착 달라붙는 감칠맛 나는 지짐이 되었다

나의 남은 삶도 이랬으면
마음 한구석 차지하고 있는 미움 하나
급한 성미 한가닥
버리지 못한 두루두루 모난 것들
깨끗이 빨아 푹 졸여주어
둥글게 맛깔스런 사람으로 변화되어 갔으면

안개

초여름 새벽안개는 워낙에 부드러워
사르륵 빨려들어간다
꿈인지 현실인지
안갯속에 깊이 쌓여
두웅 떠가는 날갯짓을 꿈꾼다

때로는 안갯속에 갇히고 싶었다
마음껏 춤추며 노래하고 소리쳐도
혼자만의 자유 누가 뭐라겠는가

붙잡고 싶은 아쉬움은 언제나 뒤따르는
짙은 물안개도 햇살 한 줌 올라오면
산 위로 스르륵 사라져
감추었던 것들 환하게 드러낼 수밖에

초미세먼지

주의보
황사라는 말에 익숙해져 갈 때
미세먼지도 아닌 초미세먼지라는
강력한 경고장이
방향 없는 흐릿한 것들이
수만리 길을 거침없이 날아들어
구석구석 달라붙는 불청객이 되었다

대책 없이 외쳐대는 대책은 허공에서 맴돌고
책임은 전적으로 이웃나라의 몫
마스크를 쓰고 밖으로 나선다
이것 하나면 안전보장이라도 되듯
하얗고 까만 물결
거리는 먼지 흡입차가 무겁게 지나고
그 뒤를 내가 오래된 차를 끌고
매연을 뿜어대며 열심히 달리고 있었다

쏟아내는 빗줄기는

어디서 왔을까
세차게 두드리며
한꺼번에 몰려드는 불청객
막연한 두려움에 문을 걸고
무거운 시간이 지나가기만을

울분인가
으르렁 거리며 끊임없이 쏟아내는
터져버린 물줄기 소리에
혹여라도 세상에 쓸데없는 것이 있다면
다 쓸어가기를
어이없는 소원을

눈앞에 보이는 것은
맑은 하늘 아래
지난밤 흙탕물에 잠겼던
가재도구들 속에서 들려오는 한숨소리
쓰디쓴 눈물 가슴을 움켜잡고 삼키는
가장 낮은 곳에 사는 이들의 가엾은 마음

무심한 하늘을 보며 중얼거린다
그 많던 비는 다 어디로 갔을까

시인이라고

시를 읽는다
아련한 공감 잔잔히 밀려오는 감동
이 아름다운 시어들은 어디서 왔을까
부러움이 한가득 휘감고

보일 것 같은 보이지 않는
숨어든 모습 찾아 숨바꼭질
시어들은 상형문자처럼
알 수 없는 언어로 스치고
잡지 못한 아쉬움

허공을 향해 손짓하는 눈물겨움
희망이 숨을 고르고
다시 읽는다
모습을 찾아 또 헤맨다

겨울 덕유산

덕이 많고 너그러운 어머니의 산
향적봉 정상에는
떠나 버린 님을 잊지 못해
홀로 서 있는 주목나무 한 그루 있네
기다리는 마음
북풍한설에 전하고
천년을 하루같이 그 자리에 서서 기다렸네

님 오시다 길 잃으실까 애타는 마음
순백의 꽃을 피워
눈부신 수정길을 만들었는지

헤아릴 수 없는 인연들
그를 반겼지만
마음의 님은 어디에
주목나무는 죽어
또다시 천년의 기다림이

무의도의 아침

발코니에 나가 아침을 맞는다
싱그러운 햇살을 받는 숲의 아늑함
저만치 밀려오는 파도소리
비밀히 속삭이는 듯

새의 노랫소리는
알아들을 수 없는 언어이기에
마냥 신비로움으로 다가온다

지난밤의 수선스런 세상사
고요 속에 묻혀
안개가 걷히듯 맑아지고

눈을 감고
마음을 감싸는
무의도의 아침에게 속삭인다
고마워
꼭 필요함 쉼을 갖게 해 줘서

소록도의 풍경

소록도 가는 길은
해안가 길게 늘어선 소나무 길
눈부신 풍광 따라
작은 사슴의 심장에 이르면

대지 속에서 흘러나오는 아픔
단절된 곳에서 들리는 애끓는 절망
벽돌 공장에 새겨진 꺾어진 고통을
기묘 하게 얽히고설킨 수목들이
알 수 없는 소리로 가슴을 때린다

십자가의 길 한 걸음 한 걸음
마디마디 뭉개진 삭신 내디딜 때
미카엘 천사장 나팔 소리 울려
푸른 소나무에 살아나는
떨어진 살점들 춤을 추는데
아직도 *보리피리 소리는 애잔하다

*보리피리 - 한센병 환자 시인 한하운의 시
　　　　소록도 돌비에 새겨져 있다

가을맞이

밤 사이 바람이 불더니
신비로운 선물이 실려왔다

파아랗다
깨끗하다
상큼하다
저절로 한 아름
가슴 파고드는 부신 햇살들

아름다운 빛깔로
푸르게 짙푸르게
마음을 칠하고 싶어지는 간절함

사랑하는 누군가에게도
저렇게 아름다운 빛깔로
물들여 줄 수 있었으면

오늘은 그냥 보내기 아까운 날
무한한 신비로운 저 깊고 깊은 곳으로
날갯짓하며 날아오르고

하얗게 삶은 빨래
경이로운 하늘 아래 마냥 말리고 싶다

김장

할까 말까
요즈음은 사서 먹는다는데
힘들고 귀찮은 생각부터
머릿속은 망설이는데
하나 둘 움직이기 시작한다

매큰한 고추 마늘
비릿한 젓갈은 기호에 맞는 걸로
갖은양념에 마음까지
절임 배추에 맛깔나게 버무려
김치라는 군침 도는 음식이

우리도 그렇다
슬픈 소리 매운 소리 화난 소리
저마다 떠들썩한데
서로가 살짝만 곁을 내어주면
달큼하게 어우러져
아름다운 목소리가 들리지 않을까

배우는 중

무엇이 저리도 궁금할까
잠시도 가만히 있지 않는다
온 집안을 거칠 것 없이 여기저기
기어가고 만지고 흔들어보고
고사리 손으로 찔러보기도
마지막엔 꼭 깨물어 본다

겨우 아랫니 두 개 솟았는데
여리디 여린 이빨로
모든 것을 확인하고 있다
어쩌다 제 뜻을 이루지 못하면
망설임 없이 비장의 무기인 울음을 터트려
두 손 들게 한다

아하, 그렇구나
우리 아가 지금 사는 법을 배우고 있구나
힘들고 지쳐도 포기하지 않고
세상에 서기 위해
살아갈 연습을 열심히 하고 있는 거구나

양천리골

역사는 만남으로 시작된다
두 지점이 있는 곳에서
때론 두 사람의 만남을 통해서

가끔 세상을 떠들썩하게 하는 만남이
부풀어 오르는 희망을 갖게 하지만
사늘하게 불어오는 바람에 내려앉는
공중누각처럼 아슬해 마음이 가라앉기도
그래도 시작이라는 발걸음은 한 가닥 희망을

여기 두 지점이 만나는 곳이 있으니
양천리골
부산에서
신의주에서 천리
아주 오래전 하나의 백성으로
남에서 북에서 달려오는
파발마들의 힘찬 소리 들리던 곳

이제 다시
숨 막히고 허물어진 것 보듬어 안아
소통의 길목이 되어
통일의 행진이 이루어지는 꿈을 꾼다

제4부
남대문 시장

남대문 시장

무엇인가 답답해지고 우울할 때
가슴이 확 트이는 활기가 필요해지면
한 번씩 가고 싶은 곳이 있다
참 이상한 마력이 있는 곳이다
삶의 아우성 소리가 몸부림치는
가장 낮은 자들이 황금과 공존하는 곳

거기에는 거대한 문어발은 없다
한 칸 한 칸 등 붙일 곳 없는 좁은 통로에 앉아
끊임없이 오가는 이들의 눈빛을 바라보며 불러대고 있을 뿐
여기서 듣는 왁자지껄한 소음은 시끄럽지가 않고
자신도 모르게 빨려 들어간다
세상의 바람이 먼저 부는 곳이기에
누군가는 떠나가기도 하지만
또 다른 희망을 심는 자가 온다

목적도 없이 이곳을 한 바퀴 돌고 나면
마음속에 알 수 없는 생기와 열정이 덩달아 묻어온다

봄나물

서 있으면
아늑해지고
지친 마음을 달래줄
낯익은 곳을 만나고 싶은 날

봄나들이 삼아 찾아간
논두렁 밭두렁 사이 길
따스한 햇살 아래
아스라이 떠오르는
나물 캐던 소녀의 하얀 손

첫사랑 묻어나는 진달래꽃 한 입 물고
쑥 향기 가득한 바구니 속
민들레 꽃씨 덩달아
머언 꿈을 꾸는 초롱한 눈빛
너무나 그리워

소녀는
주름진 손으로 세월을 양념 삼아
봄나물을 무쳐 한 상 올려낸다

잠든 모습

어그러진 소리가 많은 세상
우리가 찾는
행복한 미소가 보고 싶다면

혼란스런 가슴속에
진정한 평온을 느끼고 싶다면

지친 마음 위로받고
감사와 기쁨이 넘치기를 원한다면

와서 보라고 알려주고 싶다
아가야, 너의 잠든 모습

재개발

가로 세로 엮어진 길을 빙빙 돌아
턱까지 차오른
누군가의 희망이었고 눈물이던
깊은 안식처

개발이라는 이름으로
술렁거리던 무성한 소문은
바람이 쓸고 가 흔적도 없다

따가운 햇살이 비치는
재개발 지역

깨끗하다
환하다
탁 트인다

땅은 원래의 모습으로
푸른 산은 둘레길을 품 안에
숨 쉴 때마다 가슴을 채우는
무성한 날갯짓

이대로 이대로면 좋겠다
들어설 콘크리트 숲
지금은 잠시 잊고 싶다

눈 속의 자화상

함박눈이 끊임없이 쏟아져
황홀감 속으로 빨려 들어간다
벌거벗은 나무는 눈을 감고
자신의 몸을 내어 준다
춥지가 않고 시원하다

눈은 깊이 더 깊이 파고들어
앙상한 가지에 찐득찐득 붙어 있는 상처
부러질 것 같은 바삭한 뼈마디에 스며든다

쓰디쓴 뿌리들이
열병으로 몸살을 앓은
질서를 잃고 엉켜버린
땅 속 깊은 곳에 길을 만들어
맑은 물을 구석구석 흘려보낸다

낯선 얼굴

언제부터인가 따라다니는 낯선 얼굴
잘 아는 사이 같은데 애써 외면하고 싶은
가던 길 유리창 너머에
때론 거울 앞에서 깜짝 만나기도

어릴 적 외갓집에서 만났던 사람 닮은 듯
아님 아이들이 할머니라고 불렀던 우리 엄마
그 누구인지

정성스레 치장하고
화사한 외출
대문 앞에서 만난 사랑스런 옆집 아이
할머니 안녕하세요

그래, 어느새 할머니로 불리는구나

정월 대보름

가끔은
지나온 날들이 못 견디게 그리울 때가 있다

바삭 거리는 마음 가눌 길 없어
사각 거리며 사라지는 희망
되살아나길 기다리는 고달픔 안고
심장 속에 응집된 언어 나누고픈 간절함
밤하늘 올려다보며 그날을 찾는다

환하게 미소 지은 얼굴에
아득하게 돌아가는 쥐불놀이 깡통
덩실거리는 소녀들의 강강술래
오곡밥 보름나물 내음 싸리문 너머까지
별빛처럼 쏟아져 내리는 오래 잊고 있던 이름도
둥근달 속을 꽉 채운다

추억을 붙잡고 묶어놓고 싶은
돌아갈 수 없는 시간들
그리움은 끝없이 흘러내리고
늙지 않는 보름달 한 켠에
새벽을 깨울 불씨 하나 조용히 지핀다

새 아가

몇 번 만났지
세 번쯤
결혼식장에서 본 어여쁜 신부
부모 자식 맺어진 사이
너무 어색한
친한 척 가까운 척 노력하는 중
그래도 남달리 반가운 것은
한 번 더 보면
가까운 사이인 것 같기도 하고
한 번 더 보면
어딘지 모르게 사랑스러운 것은
인연은 인연인가 보다

가랑잎은

사각사각
가랑잎 밟는 소리에
마음도 밟히는

원망도 아픔도 서러움도
그리움도 밟혀
차가운 땅 속으로 묻히고 가면

지금 나무는 찬란한 아름다움을
아낌없이 땅 위에 선물하고
발가벗어

또 다른 희망을 꿈꾸며
하늘을 향해
빈손을 펼쳐 흔들고 서 있다

코로나19

이렇게 두려운 것을 본 적이 없다
어느 날 알 수 없는 그림자를 앞세우고
보이지 않는 섬광처럼 나타나
은밀하게 무증상 유증상 이중성을 가지고
안으로 안으로 옥죄이며 파고드는
모든 것을 순식간에 바꾸어 버린
아득한 옛이야기 같은
세상이 겁에 질려 마스크로 숨을 죽이고
경계의 벽 단절의 벽을 쌓고 앓고 있는 이 땅

회복은 언제 오려나
영원할 것 같던 일상은
감사를 몰랐던 겸손을 행하지 않았던
오만한 인간의 착각
그래도 희망을 버리지 않는 것은
사람을 사랑하는 이가 있기에
끝까지 견디며
코로나를 통하여 우리에게 주는
또 다른 축복이 있음을 믿는다

누구의 것인가

태풍이 휩쓸고 간 산자락의 아침
아직 빗방울이 머물고 있는
어지럽게 흩어진 풀냄새 가득한 나뭇가지
여기저기서
건강을 주워 올리기라도 하듯
부지런히 움직이는 손길들
한알 한알 싹쓸이할 기세다

저만치 이 모습을 엿보며 겁에 질린 듯
삶의 터전을 침범당해도 말 못 하는
자신의 것을 빼앗길 새라
큰 눈망울 굴리며
도토리 한 개 움켜쥐고
어디에 숨길까 두리번거리는 가엾은 다람쥐
제발 다 가져가지 말아 달라고
눈으로 눈으로 호소한다

시간은

가을은
떠나기 위해
마지막 단장을 한 여인 같은
일렁이는 바람에 몸을 내어 맡기고
흩어지는
조각조각 아른거리는 추억
세월에 막혀 가지 못할
잊혀진 사랑에 서리가 내려
지난날이 아름다움은
다시 오지 않을 시간일 때문
시리도록 맑은 하늘에
눈물 한 방울 고인다

편지

먼 훗날
아이들이 어떻게 기억할까
스스로에게 받은 질문 하나
언젠가 문득 떠올렸을 때
사진 속에 갇혀 있는 얼굴이 아닌
진정한 흔적을 남겨 줄 수 있는 것은

내가 가졌던 꿈과 사랑
아픔과 슬픔 때로는 말 못 하는 분노와 외로움까지도
이해하며 언제까지나 소통하고 싶은 자그마한 욕심

세상의 빛깔은 변해 갈지라도
사람의 마음은 어느 시대나 같은 것
삶은 항상 되풀이되는 것이기에
세월의 더께들로 고달플지라도
희망은 늘 곁에 있다고 알려주고 싶어
나는 이 시간에도 한 줄 한 줄 시를 쓴다

그리운 곳

마을 입구에 들어서면
남도의 소금강이라 불리는 월출산이
그림처럼 눈앞에 펼쳐진다
산자락 따라
한겨울 찬바람에 피는 금능 경포대 동백꽃은
연인들의 발자국 소리에 붉게 물들고
천년의 신비가 스며있는 고샅길 돌담 사이사이
차 향기가 그윽하다
옛 선비가 사랑한
*백운동 별서정원의 아늑함은 말 그대로 평화로움
부지런하고 순박한 이들이 모여 사는 곳
달빛에 어린 마을의 고요함은
오고 가는 나그네를 감싸주는
맑은 물소리 같은 쉼터
옛 모습이 살아 숨 쉬는 월남마을
찾는 이들의 마음의 고향으로 남겨지기를 소망한다

*백운동 별서정원
  담양 소쇄원 보길도 부용동과 더불어 호남 3대 정원의 하나

세탁기

덜 덜 덜
힘없이 멈추는 소리
이별을 고하고 있다

긴 세월
가족과 함께한
없어서는 안 될 존재 중의 하나

개구쟁이 흙먼지
세상의 땟자국
때로는 늙은 어머니의 아픈 흔적도
말없이 씻어준
가장 큰 협력자

너로 인하여 집안 가득히 스며든
상쾌함은 얼마였던지
가족 지킴이의 수고가
오늘로 끝났구나

고맙다
가끔은 생각 날 것 같은
정든 세탁기

어머니

땅거미가 밀려와
저녁노을 삼킬 때
흰 저고리에 검정치마
물동이를 이고
바쁜 걸음으로 토담집에 들어서면
아궁이에 불이 타오르고
방에 등잔불이 켜진다

자식들 한 방에 누워
곤히 잠들었을 때
희망 하나 부여잡고
목울음 삼키던 가슴앓이
그림처럼 남아있고

세월은 어느새 백발을
자식들과 함께 고향 땅을 찾을 때마다
개선장군처럼 어깨에 힘이
얼굴은 복사꽃처럼 환했다

저승꽃 하나씩 늘어가는 길목
부를 때마다 가슴을 아리게 하는
영원히 그리운 이름
어머니

위로받는

먼 생각
내키지 않는 길을 가는 것은 늘 어둡다
무거운 마음으로

그날도 눈발이 끊임없이 떨어지고
달리는 차창 밖을
바라보는

어머, 푸른 기운이 돋았네
나직한 울림이

빠르게 지나는 풍경
바람을 견딘 산수유가
환하게 웃으며 눈송이와 조우를

늘어진 버들가지
일렁이며
계절을 주고받고

깊은 곳에서 올라오는
바삭거리던 마음에
생명의 움츠림이 손짓하고

행복

세 살배기 우리 아가
누가 가르쳤나
제 뜻대로 해주지 않는다고
왜쭉비쭉

할머니한테
뽀뽀하면 해주지
눈을 아래로 바라보며 다가와
시뜻이 뽀뽀 한번

할머니 환한 웃음
우리 아가 해말간 웃음

제5부
아직도 그곳에

무더위

누구도 꺾을 자가 없는 기세
날마다 갈아 치우는 기록
무엇을 태워버리고 싶은 건지
짜증마저 풀이 죽는

덥다 더워
찐득거리며 달라붙는 숨 막힘
어디까지 적응할 수 있을지

나날이 변화하는 날씨
사람의 편리함이 가져다준
환경 파괴의 대가
들려오는 수많은 소리들
조금은 두려운 마음

무엇이었든 이제는
자연 앞에서
사람 앞에서
좀 더 깊은 생각을 갖는
우리가 됐으면

아직도 그곳에

검은 구름이 빠르게 몰려와
빗방울을 던지고 사라질 때
감추었던 햇살이 따스하게 얼굴을 보이면
싱그러운 물방울을 머금은
이제 막 땅 맛을 안 모들이
검푸르게 넘실대는데

징검다리 냇가를 건너지 못해
울고 있는 어린 소녀를
등에 업고 건네주시던
이웃집 아재의 따뜻한 등어리

천년 돌탑을 앞에 두고
추억을 찾아 나서면
그토록 사랑했던 이도 미워했던 이도
이제 아무도 없는 이곳

조용히 눈을 감으면
귓가에 들리는 친구들의 재잘거리는 소리
눈물 가득한 눈동자 뒤편에 보이는

그리운 옛집의 굴뚝에
솟아오르는 하얀 연기

생명의 숨소리가 들리기 시작했던
그곳에 아직도 가고 싶다

가을에

가을이 아름답게 물든
도시의 뒷골목
구부정한 허리의 자존심을 세워줄
유모차 자가용을 밀고 나온 할머니와
지팡이를 손에 잡은 할머니의 대화

엊그제 내가 주워다 준 게 뭐였더라
뭘 주워다 주었는데
아 그거 있잖아 내가 주워다 줬잖아
목소리가 점점 올라가고
아, 은행
그래 맞아 은행 왜 이렇게 생각이 안 나는 거야 맨날 잊어버려
벌써 몇 번째 물어보는 거야 내가 기억하니 다행이지
자네가 나보다 똑똑하니까 그렇지

어린아이처럼 웃는 소리
지나던 젊은 부부의 입가에 미소가
올가을 저 아름다운 단풍
오래도록 떨어지지 않고 있었으면

배롱나무

여름이 되면
순천에 가고 싶어진다
거기에는 풋풋한 날 좋아하던 꽃이
가는 곳곳마다 끝없는 가로수길 되어
아련한 고향의 속삭임처럼
포근하게 반겨주며
애틋한 그리움을 적셔줄
꽃이 있으니까

터질 듯한 하얀 속살 감출 길 없어
수만 갈래 송이로 붉게 피어
바람의 흔들림에 온 몸을 요염하게 간질이는
가슴 채워줄 황홀한
여름이 되면
나는 순천 백일홍나무 꽃을 만나고 싶어진다

기억의 저편

고향 마을 입구
오래된 점방 한가운데에는
투박한 나무 탁자와 모양이 제각각인
의자가 빙 둘러 있고
벽쪽에는 생활용품이
너저분하게 널려 있었다

탁자 위에 막걸리 몇 병과 질그릇 보새기에
아무렇게나 썰어 갖다 논 김치를 안주 삼아
장정 네댓이

거기에 아버지의 충혈된 눈빛이 보이고
뒤틀어진 인생을 탓하며
혀 꼬부라진 소리로 세상을 호통 치는 소리가

기억을 지우고 안으로 들어서자
낯익은 풍경이 눈에 들어오고
자리에서 일어나 반갑게 내미는 손
시커멓고 냄새가 역하게
싫어하던 아버지를 닮았다

에둘러 몇 마디 건넨 후
죄지은 사람 마냥
얼른 시선을 다른 곳으로 돌리고

미친놈
누구를 향한 욕설인지
하늘은 파랗고 햇살은 따스한데
마음이 이리 아려오는 것은 왜일까

*보새기는 그릇 종류의 전라도 사투리

2020

결코 잊지 못할
잠시도 긴장의 끈을 놓지 못했던 날들
막혀버린 벽을 바라보는 막막함
봄은 왔는데
매화꽃은 홀로 적막하게 피었고
유채도 튤립도 모가지가 꺾여 땅속에서 피었다

가쁜 숨을 내쉬는 어두움
54일간 내린 장맛비도 두려움을 씻어내지 못했고
마이삭이 할퀸 상처를
하이선이 한번 더 후벼 팠지만
코로나에 가려 아프다 소리도 못했다
그 해 가을은 단풍이 유난히 아름다웠다는데
마스크 속으로 계절이 사라져 보지 못했다

세상은 두 갈래로 돌아가는 듯
없는 자들의 근심은 낮은 곳으로 더 낮은 곳으로
끝이 보이지 않는데
부와 권력은 항상 가진 자들의 몫
혼란스러운 시대일수록 그들은 기막힌 재주를 부릴 줄 안다

절망이 사람을 호시탐탐 노리는 시간
그래도 한줄기 희망의 끈이 보이는 것은
땀으로 범벅이 되고 손마디 마디가 부르터오른
희생의 손길 속에서
하얀 방호복 속 축 처진 어깨 위에서
눈에 보이지 않는 가장 소중한 빛을 발견한 것도
2020년도였다

*마이삭 하이선 : 한반도를 강타한 강력한 태풍

빈자리

카톡 카톡
맘 지금 끝남
오고 있니
응

퇴근 시간
습관처럼 주고받던 언어들
나왔음
사랑스런 얼굴로 문을 열었는데

순백의 드레스를 입고
천사처럼 미소 지으며
사랑하는 이의 손을 맞잡던

카톡 카톡
머릿속에서 울리는 소리
순간 핸드폰을 열어보고

마음이 쓸쓸하다
떠나보냈는데
기다림은 무의식 속에

이제
카톡 카톡 소리조차
새로운 둥지에서
울려 퍼지겠지

아카시아

기다리지 않아도 때가 되면
잊지 않고 찾아와 반가움을 주는
달큼한 향기의 하얀 송이
멀리서도 느껴지는 꽃내음은
그리움으로 안겨지는
추억의 아련한 아름다움

가슴을 열고 두 팔 가득
너를 반기면
값없이 주는 행복함에
밝아지는 마음
너를 닮아
바람이 스칠 때마다
한 발자국 한 발자국
향기를 남기며 걸어가고 싶다

손녀딸

메말라 버린 소리들이 크게 들려올 때
가슴속을 절절히 적셔줄
기쁜 소식이 간절할 즈음
우리에게 천사처럼 찾아온

하윤아
나의 사랑하는 손녀딸

보고 보아도
말로 표현할 수 없는 탄생의 신비로움
아빠가 부르는 소리에
상냥한 울음으로 대답하고
꼬물꼬물한 손을 흔들어 온 몸 가득 반가움을
우리 가족에게 진정한 감격과 행복을 안겨준
너의 앞날에
한없는 축복이 함께 하기를 기도한다

기다리며

삶은 기다림의 연속이었다

가만히 있어도 찾아올 것 같은
하늘하늘한 봄날을 꿈꾸던 시절도

셀 수 없는 사연들
수없이 헤매던 길도

다친 상처를 가끔씩 건드리는
얄궂은 사랑도

어두운 터널 끝에
잡힐 듯 보이는 빛 한줄기 바라보던 것도

존재의 기쁨이었지만
소유는 아니었던 생명의 결실도

모두 다 기다림이 아니었을까

나는 지금 무엇을 기다릴까

장미

계절의 여왕 앞에
당당히 고개를 들고
가슴속 풀 수 없는 사랑
치명적인 웃음을 지으며
선홍빛으로
오월을 파고든다

어느 봄날의 산책길

마른나무 가지들이 푸르름에 덮여가는
뒷동산 산책길은
막 피운 아궁이 곁의 기분 좋은 따스함처럼
달달한 햇볕이 은근히 내려주는
갓 돋아난 새싹들이 어젯밤 내린 비로
오랜 목마름을 해갈하고
춤을 추고 있다

늦은 산벚꽃 조팝나무 꽃잎이
하얗게 길 위를 수놓고
황홀하게 핀 철쭉이 마음을 홀린다
적당히 불어준 바람 덕분에
저 멀리 산봉우리까지
깨끗하게 볼 수 있는 기쁨
이 아늑하고 평온한 순간들이 있어
말할 수 없이 감사한 날이었다

떠날 때는

숲 속 수북이 쌓인 낙엽
밟을 때마다
아낌없이 주고 떠나는
후회 없는 소리가

절정의 아름다움을 선물하기 위해
온몸 진액 한 방울까지
스스로 태워 버린 불꽃

하늘 정원 바람에게 기꺼이 내어주고
낮은 땅 위에 내려와
한 가득 마음을 덮어주네

산다는 것은

오래된 추억이 깃든 군자란
뿌리가 반쯤 썩어 가쁜 숨을 쉬는데
버릴까 망설이다
혹시나
깨끗이 손질해 영양을 주고
햇빛 드는 마당에 내어 놓아

화사한 웃음 우아한 꽃은
마음에 접어두고
눈길을 주며 막연히 살아주기만을
어느 날
무심히 바라본 군자란
어머, 저 깊은 곳에서
오밀조밀 예쁜 꽃대가 올라오고

그때 마음이
볼품없이 야위어버린
몸에게 속삭이는 소리
너도 다시 새 힘을 얻어 건강해질 수 있어
희망 세포가 온몸으로 퍼져나가는
참 상쾌한 아침이었다

녹번동 이야기

산이 허물어지고 문화회관 들어설 때
가로수로 심은 나무를 보며 그랬었지
언제 자라 햇볕을 가려줄까

세월이 얼마나 흐른 거야
무성한 그늘 오가는 이들의 발걸음 멈추게 하고
붉은 해 서쪽으로 돌아서면
앞마당에
아이들의 재잘거리는 소리 하늘로 솟아

골목 느티나무 아래에는
요일 따라 바뀌는
노점상이 들어서지만
소리 없는 약속
자리다툼 하는 걸 본 적 없고

높은 빌라 사이사이
낡은 담장 위로
옛날을 그리워하는 능소화가
계절을 잊지 않고 피어오르는
녹번동에는
사람들 사는 이야기가 있다

짝사랑

운명이고 싶었다

아지랑이 피어오르는
따뜻한 햇살 속에도 보이고

조용히 흐르는 시냇물 속에도 있는데

몸부림쳐 손을 내밀지만
품 안에 안기지 않는 얼굴

함께 가는 길이 아니어서
세상 밖으로 나오지 못했던 말

사랑해

허물

둘레길을 걷다 눈길을 사로잡은
풀잎 사이에 붙어 바람에 흔들리는
매미의 빈 둥지
생명처럼 품고 있던 안식처를
기꺼이 버린 흔적
어쩐지 요 며칠 사이
갓 태어난 울음소리가
힘차게 들리더라니

스치는 바람의 소리 하나
버리지 못해 얽어매는
나의 껍데기
이제는 버려야 할 때도 지난 것 같은데
생각은 밖에 두고
속으로 속으로 파고드는
뜨거운 갈망

새로운 삶을 위해
아낌없이 버린 매미의 허물이 자꾸만 아른거려

해설

| 해설 |

삶에서 우러나는 눈물겨운 희망의 노래

허형만
(시인·목포대 명예교수)

 이경강 시인의 시를 읽노라면 우리에게 삶이란 무엇이며 어디에 있는 것인지, 그리고 그 삶이 끌고 가는 희망의 색깔은 무슨 색인지 곰곰이 생각해보게 한다. 앤토니 이스톱은 데리다의 용어를 따라 '현존'이라고 부르고자 하는 것인, 개인적 체험, 성격, 독창적인 목소리 등의 의미를 시가 창조하고 있기 때문에 시를 평가할 수 있는 것이라고 말한 바 있다. 오늘날 우리 시단의 서정시 흐름을 보면 앤토니 이스톱의 말은 참으로 시사하는 바가 적지 않다. 특히 이경강 시인 자신의 삶과 고향, 이웃에 대한 따뜻한 사랑의 시를 읽으며 오늘의 시에서 우리가 절실하게 원하는 것 중 하나인 희망의 노래를 들을 수 있다는 것은 큰 기쁨이 아닐 수 없다.

    오래된 추억이 깃든 군자란
    뿌리가 반쯤 썩어 가쁜 숨을 쉬는데
    버릴까 망설이다
    혹시나
    깨끗이 손질해 영양을 주고
    햇빛 드는 마당에 내어놓아

    화사한 웃음 우아한 꽃은
    마음에 접어두고
    눈길을 주며 막연히 살아주기만을
    어느 날
    무심히 바라본 군자란
    어머, 저 깊은 곳에서
    오밀조밀 예쁜 꽃대가 올라오고

    그때 마음이
    볼품없이 야위어버린
    몸에게 속삭이는 소리
    너도 다시 새 힘을 얻어 건강해질 수 있어
    희망 세포가 온몸으로 퍼져나가는
    참 상쾌한 아침이었다
                        —〈산다는 것은〉 전문

환경은 생명과 직결된다. 방안에서 키운 군자란이 "뿌리가 반쯤 썩어" 시들해지는 걸 본 시인은 "혹시나" 다시 살아날 수 있지 않을까 하는 희망으로 이 군자란을 "깨끗이 손질해 영양을 주고/ 햇빛 드는 마당에 내어" 놓는다. 그리곤 "눈길을 주며 막연히 살아주기만을" 바랬던 어느 날 무심히 바라보았더니 군자란 "저 깊은 곳에서/ 오밀조밀 예쁜 꽃대가 올라오고" 있음을 발견한다. 아침이었다. 시인은 다시 건강해진 군자란을 보고 "희망 세포가 온몸으로 퍼져나가는" 것을 느낀다. 그 느낌은 곧 상쾌함이다. 방안에서 마당으로 바뀐 자리, 곧 환경의 차이가 한 생명을 다시 회복시키고 있음을 시인은 말하고자 한다. 시인은 한마디로 "희망 세포"의 힘을 이 시에서 강조한다.

이경강 시인의 삶에서 우러나고, 삶에서 발견하는 '희망'의 이미지는 간절하면서 동시에 단호할 때가 많다. 이른 봄 꽃샘추위 속에서도 "조금만 더 참아 줘요/ 잠깐 이 순간 지나면/ 그대 가슴에 따뜻하게 파고드는 햇살과/ 피어오르는 부신 봄이 기다리고 있을 거예요"(〈꽃샘추위〉)라든가, 무심코 길을 지나가다가 눈길을 사로잡은 "근린공원 한켠 언제 피었는지/ 한 무리의 주황색/ 온 세상을 다 품은 듯/ 참을 수 없이 황홀하다"(〈참나리꽃〉)가 그렇다. 마르셀 프루스트는 말했다. "참된 발견의 항해는 새로운 풍경을 찾는 것이 아니라, 새로운 눈을 가지는 것"이라고. 이경강 시인의 발견에 대한 '새로운 눈'은 참을 수 없이 황홀한 참나리꽃에서 "주름진 손으로 세월을 양념 삼아/ 봄나물을 무쳐 한 상 올려"(〈봄나물〉)내는 희망을 발견한다.

이렇게 두려운 것을 본 적이 없다
어느 날 알 수 없는 그림자를 앞세우고
보이지 않는 섬광처럼 나타나
은밀하게 무증상 유증상 이중성을 가지고
안으로 안으로 옥죄이며 파고드는
모든 것을 순식간에 바꾸어 버린
아득한 옛이야기 같은
세상이 겁에 질려 마스크로 숨을 죽이고
경제의 벽 단절의 벽을 쌓고 앓고 있는 이 땅

회복은 언제 오려나
영원할 것 같던 일상은
감사를 몰랐던 겸손을 행하지 않았던
오만한 인간의 착각
그래도 희망을 버리지 않는 것은
사람을 사랑하는 이가 있기에
끝까지 견디며
코로나를 통하여 우리에게 주는
또 다른 축복이 있음을 믿는다

— 〈코로나19〉 전문

우리는 지금 코로나19 팬데믹 시대에 살고 있다. 비정상적이고

암울한 시대 속에서 시인이 느끼는 건, 맨 먼저 "이렇게 두려운 것은 본 적이 없다"는 것이다. "은밀하게 무중상 유중상 이중성을 가지고/ 안으로 안으로 옥죄이며 파고드는" 코로나는 인류의 생명과 평화를 위협하는 무서운 무기가 되고 있다.

　이경강 시인은 오늘날 전 세계의 코로나라는 재앙의 원인을 "감사를 몰랐던 겸손을 행하지 않았던/ 오만한 인간의 착각" 때문이라고 진단한다. 인간의 착각으로 인해 세상은 "겁에 질려 마스크로 숨을 죽이고/ 경계의 벽 단절의 벽을 쌓고 있는 이 땅"을 한탄하며 절망에 빠질 수 있지만, 그럼에도 불구하고 시인은 "희망"을 버리지 않는다. "희망"이란 무엇인가? 루쉰은 말한다. "희망이란 본래 있다고도 할 수 없고 없다고도 할 수 없다. 그것은 마치 땅 위의 길과 같은 것이다. 본래 땅 위에는 길이 없었다. 걸어가는 사람이 많아지면 그것이 곧 길이 되는 것이다." 라고. 그러니 희망은 곧 길과 같은 존재다. 아무리 어려운 시대일지라도 이처럼 새로운 길을 만들어내는 "희망을 버리지 않는" 이유는 "사람을 사랑하는 이"가 있기 때문이라고 시인은 믿는다.

　"사람을 사랑하는 이"는 현실적으로 환자들을 치료하기 위해 온몸으로 헌신하는 의료진일 수도 있고, 신앙적으로 사람들의 죄를 대신 짊어지고 십자가에 못 박혀 돌아가신 예수님일 수도 있다. 이경강 시인에게는 전자보다 후자의 상징성이 더 강하다. 왜냐하면 절실한 〈시인의 말〉이 그 마음을 증명한다. 참고로 여기 〈시인의 말〉을 다시 한 번 되새겨 보자.

갈 길을 알지 못하고 길을 헤매이던 시간
소망을 갖고 포기하지 않았던 일도
육신의 아픔으로 잠 못 이루는 밤들을
떨리는 가슴을 안고 참을 수 있었던 것도
외로움과 슬픔으로 인하여
눈물로도 씻기지 않는 마음의 상처를
치유할 수 있는 용기를 가진 것도
용서하고 싶지 않은 세월을 향해
사랑의 마음으로 보듬게 한 것도

내려놓고 내려놓아
감사와 낮아지는 법을 알아가게 한 것도
돌아보면 내 힘과 노력이 아닌
나를 사랑하신 나와 함께 해주신
주님
그분의 은혜였습니다.

  그렇다. 이경강 시인의 삶은 신앙 속에서 잘 익어가는 "누군가를 향한 기도"(〈내려놓음〉)였으며, "일그러진 자화상 속에／한 걸음 한 걸음 기적을 심는"(〈통증〉) 일이었으며, "무한한 신비로운 저 깊고 깊은 곳으로／ 날갯짓하며 날아 오르"(〈가을맞이〉)고자 하는 성숙한 신앙 덕분이다. 신앙이란 무엇인가. 서울대 교구 소속 사제인 이영제 신부님은 "'신앙'이란 본질적으로 예수 그리스도가 누구이신지 알고 그분을 마음으로 받아들여 오로지 그분만을 신뢰하고 그분께 충성을 다하며 헌신하는 행위"라고 정의한다.(『생활성서』 2022년 1월호, 〈성숙한 신앙을 향하여〉). 이경강 시인의 신앙심은 소리 없이 오는 눈도 "님이 보내주신 선물"(〈눈〉)로 믿을 만큼 깊고 절절하다. 그러니 온 인류가 코로나19로 고생하고 있는 이 시대에 "사람을 사랑하는 이", 즉 주 예수 그리스도가 계셔 "희망을 버리지 않는 것"이라고 말하며 그분을 향한 감사의 마음으로 삶을 살아가고 있음을 본다.

> 마른나무 가지들이 푸르름에 덮여가는
> 뒷동산 산책길은
> 막 피운 아궁이 곁의 기분 좋은 따스함처럼
> 달달한 햇볕이 은근히 내려주는
> 갓 돋아난 새싹들이 어젯밤 내린 비로
> 오랜 목마름을 해갈하고
> 춤을 추고 있다
>
> 늦은 산벚꽃 조팝나무 꽃잎이
> 하얗게 길 위를 수놓고
> 황홀하게 핀 철쭉이 마음을 홀린다
> 적당히 불어준 바람 덕분에
> 저 멀리 산봉우리까지
> 깨끗하게 볼 수 있는 기쁨

이 아늑하고 평온한 순간들이 있어
　　말할 수 없이 감사한 날이었다
　　　　　　　　　　─〈어느 봄날의 산책길〉 전문

　"어느새 할머니로 불리는"(〈낯선 얼굴〉) 이경강 시인은 자신의 남은 삶이 "둥글게 맛깔스런 사람으로 변화되어"(〈묵은지〉) 가기를, "새로운 삶을 위해/ 아낌없이 버린 매미의 허물"(〈허물〉)처럼 버릴 것 버리는 삶을 살 수 있기를 기도하면서도 늘 현재의 "이 아늑하고 평온한 순간들이 있어/ 말할 수 없이 감사한 날"을 주신 주님을 생각한다. 시 〈무의도의 아침〉에서는 새들의 노랫소리도 신비로움으로 다가오고, 눈을 감고 마음을 감싸는 무의도의 아침에게 꼭 필요한 쉼을 갖게 해줘서 고맙다고 인사한다. 위의 시에서도 어느 봄날의 산책길에 만난 푸르름에 덮여가는 마른 나무 가지들, 달달한 봄날의 햇볕과 갓 돋아난 새싹들, 하얗게 핀 늦은 산벚꽃 조팝나무 꽃잎과 황홀하게 핀 철쭉꽃의 색채 대비, 그리고 저 멀리 산봉우리까지 볼 수 있게 적당히 불어준 바람 등 봄날의 산책길이 모두 살아 숨 쉬는 생명력을 보여주고 있음은 평소 시인의 깊은 신앙이 삶 속에 녹아들어 있기 때문이 아닐까.
　이경강 시인의 삶은 참으로 진솔하고 넉넉하다. 그러니 〈혼자 걸어보고 싶은 날〉에서 가을 길을 혼자 걸으며 저물어가는 노을빛 속 몇 잎 남지 않은 나무들에게 수고했다고 고맙다고 다시 또 만나자고 위로의 말을 건네고 싶은 거다. 김장을 하면서도 갖은

양념에 마음까지 절임 배추에 맛깔나게 버무려 군침 도는 김치가 만들어지듯 "슬픈 소리 매운 소리 화난 소리/ 저마다 떠들썩한데/ 서로가 살짝만 곁을 내어주면/ 달콤하게 어우러져/ 아름다운 목소리가 들리지 않"(〈김장〉)겠느냐는, 아카시아를 닮아 "바람이 스칠 때마다/ 한 발자국 한 발자국/ 향기를 남기며 걸어가고 싶"(〈아카시아〉)어하는 삶의 모습은 또 얼마나 아름다운가. 그러나 더 아름다운 것은 자신의 삶 속에서 이웃에게 관심을 갖고 배려하는 마음이다.

> 무엇인가 답답해지고 우울할 때
> 가슴이 확 트이는 활기가 필요해지면
> 한 번씩 가고 싶은 곳이 있다
> 참 이상한 마력이 있는 곳이다
> 삶의 아우성 소리가 몸부림치는
> 가장 낮은 자들이 황금과 공존하는 곳
>
> 거기에는 거대한 문어발은 없다
> 한 칸 한 칸 등 붙일 곳 없는 좁은 통로에 앉아
> 끊임없이 오가는 이들의 눈빛을 바라보며 불러대고 있을 뿐
> 여기서 듣는 왁자지껄한 소음은 시끄럽지가 않고
> 자신도 모르게 빨려 들어간다
> 세상의 바람이 먼저 부는 곳이기에
> 누군가는 떠나가기도 하지만

> 또 다른 희망을 심는 자가 온다
>
> 목적도 없이 이곳을 한 바퀴 돌고 나면
> 마음속에 알 수 없는 생기와 열정이 덩달아 묻어온다.
> ─〈남대문 시장〉 전문

　남대문 시장을 생존의 바탕으로 삼고 살아가는 "가장 낮은 자들"에 대한 시인의 마음이 참으로 따뜻하다. 남대문 시장은 "세상의 바람이 먼저 부는 곳", 즉 삶의 최전선인 셈이다. 비록 "한 칸 한 칸 등 붙일 곳 없는 좁은 통로"이지만 이곳을 생존의 터전으로 자리했던 "누군가는 떠나가기도 하지만/ 또 다른 희망을 심는 자가" 오기에 이경강 시인은 "무엇인가 답답해지고 우울할 때/ 가슴이 확 트이는 활기가 필요할 때" 이곳은 "한 번씩 가고 싶은 곳"이라고 고백한다. 이곳에서 "시끄럽지가" 않는 이웃들의 소리를 듣기 위해서. 그렇게 이곳을 "한 바퀴 돌고 나면/ 마음속에 알 수 없는 생기와 열정이 덩달아 묻어" 오는 이유는 무엇일까? 아마 남대문 시장은 "희망을 심는 자"들이 더불어 공존하며 서로의 따뜻함을 나누어주기 때문이 아닐까?

　이경강 시인의 이웃에 대한 따뜻한 마음은 녹번동 "골목 느티나무 아래에는/ 요일 따라 바뀌는/ 노점상이 들어서지만/소리 없는 약속/ 자리다툼 하는 걸 본 적 없고"(〈녹번동 이야기〉), TV에서 '세상에 이런 일이'라는 프로를 보면서 이 시대 마지막 보부상 생선 장수의 "가난을 대물림할 수 없기에/ 묵묵히 자신의 일을 한다는// 걷고 또 걸어/ 울퉁불퉁 세월의 흔적을 남긴 발을 보며/ 선하게 웃는 병석 엄마"(〈병석 엄마〉)에 대한 애정 어린 삶의 희망을 떠올리기도 한다. 또한 "다정하게 손잡고/ 산책 나온 공원"(〈풍경화〉)에서 만난 할아버지와 할머니, "도시의 뒷골목/ 구부정한 허리의 자존심을 세워줄/ 유모차 자가용을 밀고 나온 할머니와/ 지팡이를 손에 잡은 할머니"(〈가을에〉), "낡은 대문 앞에서/ 말없이 김장배추를 절이는/ 노부부"(〈어느 늦가을 아침나절에〉), "가게 뒤편으로 살림집/ 낡은 의자에 모여 앉은 노인들"(〈살아가는 모습들〉), "아들 딸 친구 엄마 노릇까지/ 외로운 이웃을 살뜰히 챙기는" 안면도 아줌마(〈안면도 아줌마〉)를 통해 만나는 사람마다의 희망을 발견하곤 하는 시인의 참으로 아름다운 마음은 어머니와 함께 유년 시절의 고향을 그리워하는 데서도 드러난다.

땅거미가 밀려와
저녁노을 삼킬 때
흰 저고리에 검정 치마
물동이를 이고
바쁜 걸음으로 토담집에 들어서면
아궁이에 불이 타오르고
방에 등잔불이 켜진다

자식들 한 방에 누워

곤히 잠들었을 때
희망 하나 부여잡고
목울음 삼키던 가슴앓이
그림처럼 남아 있고

세월은 어느새 백발을
자식들과 함께 고향 땅을 찾을 때마다
개선장군처럼 어깨에 힘이
얼굴은 복사꽃처럼 환했다.

저승꽃 하나씩 늘어가는 길목
부를 때마다 가슴을 아리게 하는
영원히 그리운 이름
어머니

— 〈어머니〉전문

   융에 의하면 어머니는 존재의 황홀한 차원, 생명수의 근원을 상징한다. 이경강 시인에게 있어서도 어머니는 에볼라의 말처럼 모성으로서의 고향, 지혜나 힘의 집을 상징적으로 보여준다. 이경강 시인의 〈어머니〉 또한 헷세의 시 〈나의 어머님께〉처럼 고향과 모성성을 상징한다. 총 4연 중에서 1연과 2연은 유년 시절 고향에서의 어머니의 존재감, 3연은 고향을 떠나온 어머니가 다시 고향을 찾던 날의 기쁨, 그리고 4연은 늘 어머니에 대한 그리움이 적절하게 잘 배치됨으로써 유년 시절 고향에서의 어머니에 대한 공동의 기억을 되살리고 있다. 이경강 시인은 이 시의 3연과 4연 사이의 시간적 공백을 시 〈지팡이〉를 통해 "구순을 바라보는 나이에도/ 생의 마지막 순간까지/ 두 발로 걸을 줄 알았는데" "한 발자국 한 발자국/ 세 발로 웃으며 걸어오신 어머니"로 채워줌으로써 어머니 일생의 퍼즐을 맞춰주고 있다.

  고향에서의 이 공동의 기억은 어머니뿐만이 아니다. "고향에 계시는 사촌오빠/ 건강하시냐는 안부"(〈세월은 고장이 안 나서〉)부터 시작하여 정월 대보름날 "환하게 미소 지은 얼굴에/ 아득하게 돌아가는 쥐불놀이 깡통/ 덩실거리는 소녀들의 강강술래/ 오곡밥 보름나물 내음 싸리문 너머까지/ 별빛처럼 쏟아져 내리는 오래 잊고 있던 이름"(〈정월 대보름〉)이나 고향 마을 입구의 오래된 점방의 "탁자 위에 막걸리 몇 병과 질그릇 보새기에/ 아무렇게나 썰어 갖다 논 김치를 안주 삼아/ 장정 네댓이/ 거기에 아버지의 충혈된 눈빛"(〈기억의 저편〉), 그리고 순천에 사는 동생이 보내온 봄나물을 받고 떠올리는 "그 시절 아버지의 입맛을 돋우는 보약/ 이씨네 딸들은 차가운 봄바람 속에/ 산으로 들로 다니며 계절을 품었고/ 물소리 새소리 바람 소리 속에/ 푸른 꿈을 먼 세상으로 실어 보내곤 했"(〈시간 너머로〉)던 추억은 나아가 "징검다리 냇가를 건너지 못해/ 울고 있는 어린 소녀를/ 등에 업고 건네주시던/ 이웃집 아재의 따뜻한 등허리"(〈아직도 그곳에〉), "내 삶 속에 너가 있다는 게 축복이야/ 그렇게 말해주는"(〈친구 1〉) 친구까지 다양하다.

메말라버린 소리들이 크게 들려올 때
가슴속을 절절히 적셔줄
기쁜 소식이 간절할 즈음
우리에게 천사처럼 찾아온

하윤아
나의 사랑하는 손녀딸

보고 보아도
말로 표현할 수 없는 탄생의 신비로움
아빠가 부르는 소리에
상냥한 울음으로 대답하고
꼬물꼬물한 손을 흔들어 온몸 가득 반가움을
우리 가족에게 진정한 감격과 행복을 안겨준
너의 앞날에
한없는 축복이 함께 하기를 기도한다

─〈손녀딸〉 전문

  앞에서 공동의 기억으로 남았던 어머니의 시간 속에 이경강 시인 자신이 이제는 어머니가 되고 나아가 할머니가 되었다. 시인에게 "가슴속을 절절히 적셔줄/ 기쁜 소식이 간절할 즈음/ 천사처럼 찾아온" 손녀딸 하윤이는 분명 하느님이 주신 축복이 아닐 수 없으리라. "가족에게 진정한 감격과 행복을 안겨준" 하윤이의 탄생은 시인 스스로가 할머니라는 존재를 실감케 하는 커다란 선물임이 분명하다. 물론 태어나기 전 "초음파라는 영상 속에서"(〈처음 만남〉) 처음 만나 할머니라는 이름표를 부여받았지만 말이다.

시인은 우리에게 "우리가 찾는/ 행복한 미소가 보고 싶다면// 혼란스런 가슴속에/ 진정한 평온을 느끼고 싶다면// 지친 마음 위로받고/ 감사와 기쁨이 넘치기를 원한다면"(〈잠든 모습〉) 아가의 잠든 모습을 보라고 권한다. 그만큼 잠든 아가의 모습은 행복과 평온과 감사와 기쁨의 상징이기 때문이다. "아가 해맑간 웃음"(〈행복〉) 그 자체만으로도 행복이고, "온 집안을 거칠 것 없이 여기저기/ 기어가고 만지고 흔들어보고/ 고사리손으로 찔러보기도/ 마지막엔 꼭 깨물어"(〈배우는 중〉)보는 모습들은 아가가 지금 사는 법을 배우고 있는 신비로움이다. 그러니 할머니로서 어찌 "한없는 축복이 함께 하기를 기도"하지 않을 수 있겠는가. 이처럼 손녀딸을 통해 이경강 시인은 "맑은 샘물 같은 어린 마음/ 그 순수한 감성이 불쑥불쑥 나를 찾아와/ 지난 세월을 감싸주고/ 얼룩진 삶의 찌꺼기들을 깨끗하게 씻어/ 위로하고 기쁨을"(〈선물〉) 맛보는 참 시인의 길을 걷고 있는 것 아니겠는가.

이경강 시인은 이 시간에도 한 줄 한 줄 시를 쓴다. 왜냐하면 희망은 늘 곁에 있다고 알려주고 싶어서다. 이경강 시인이 희망은 늘 곁에 있다고 알려주고 싶어 이 시간에도 시를 쓰는 그 마음의 편지를 듣는 것으로 이 글을 마무리한다. 다음은 이경강 시인이

우리에게 띠우는 〈편지〉 전문이다.

먼 훗날
아이들이 어떻게 기억할까
스스로에게 받은 질문 하나
언젠가 문득 떠올랐을 때
사진 속에 갇혀 있는 얼굴이 아닌
진정한 흔적을 남겨줄 수 있는 것은

내가 가졌던 꿈과 사랑
아픔과 슬픔 때로는 말 못 하는 분노와 외로움까지도
이해하며 언제까지나 소통하고 싶은 자그마한 욕심

세상의 빛깔은 변해갈지라도
사람의 마음은 어느 시대나 같은 것
삶은 항상 되풀이되는 것이기에
세월의 더께들로 고달플지라도
희망은 늘 곁에 있다고 알려주고 싶어
나는 이 시간에도 한 줄 한 줄 시를 쓴다

계간문예시인선 171

이경강 시집 _ 아직도 그곳에

초판 인쇄 2022년 1월 25일
초판 발행 2022년 1월 30일

지 은 이   이경강
회   장   서정환
발 행 인   정종명
편집주간   차윤옥

펴 낸 곳   도서출판 **계간문예**
편 집 부   03132 서울 종로구 삼일대로 30길 21 종로오피스텔 1209호
주   소   03132 서울 종로구 삼일대로 32길 36 운현신화타워 305호
전   화   02-3675-5633 팩스 02-766-4052
인   쇄   54991 전북 전주시 완산구 공북1길 16, 신아출판사
이 메 일   munin5633@naver.com
등   록   2005년 3월 9일 제300-2005-34호
ISBN 978-89-6554-250-6 04810
ISBN 978-89-6554-118-9 (세트)

값 10,000원

잘못 만들어진 책은 바꾸어 드립니다.
저자와 협의하여 인지를 생략합니다.